DINOSAURS
LARGE PRINT WORD SEARCH
Puzzle Book For Adults

DEEZA PUBLISHING

Puzzle #1

```
U T P Z K O D F R W U A H A G U
Q A H M X R A B S H U B C E U U
Z A X Y N O D R A A T E R O X S
G B J J Q P M R P G M L O L W U
R Y B A J Y S W C Y T I T O C R
O D Q Q T A H L T M X S A S K U
T O U W N M Y I P M V A N A T A
A S I S Y C W K R Z Z U E U E S
B A S U R U A S A D A R V R I U
O U O Y B C X I F V O U O U J O
L R V M Z P X O W N X S R S H L
L U Q G Z W E Q W T T K F K U E
I S R V C B R X T E S M A I E H
H B A B R I C T O S A U R U S C
C C K G S K Z N A P Z W N X U A
A B A B R O S A U R U S V Q Q X
```

AARDONYX, ABELISAURUS,
ABRICTOSAURUS, ABROSAURUS,
ABYDOSAURUS, ACHELOUSAURUS,
ACHILLOBATOR, ADASAURUS,
AEOLOSAURUS, AEROSTEON,
AFROVENATOR

Puzzle #2

```
S U R U A S A X L A Q C K S R C
D A A W A M A Z O N S A U R U S
Q L A J K N L H J V L R A W S U
E E J Z C P I K Q E U L B U F R
L C Y F Z D D P T A B S R S E U
A T H M R M E O S E U U U K S A
H R P S Z Z P O R R A R A U A S
P O K E V E M T U S U L M G U O
E S I L L M O A A A T A U R S T
C A A T A N S G S I R S U N B R
A U A S Y I R O R O T A L P K E
K R F K L A M H I I S N L D H B
S U U I M A I L N O X M Q V V L
A S G A L N A I L H X Z T I E A
L A J A U U A L X S O K R V N F
A O F S D T A N S H Z D U Y R T
```

AGILISAURUS, AGUSTINIA, ALAMOSAURUS, ALASKACEPHALE, ALBERTONYKUS, ALBERTOSAURUS, ALECTROSAURUS, ALETOPELTA, ALIORAMUS, ALLOSAURUS, ALTIRHINUS, ALXASAURUS, AMARGASAURUS, AMAZONSAURUS, AMMOSAURUS

Puzzle #3

```
A J R R C R I L C A T S C J T Q
I E Y F P R I M M K B B E N E L
A S T S U R U A S O L E P M A P
Z A D A S U R U A S E D N A S D
S I N U I U A C J A L A M I A S
C U S A T T R S W Q N V N X N U
X R R A T R E G D G T R Y R C M
U R G U X O V S O U O N X A H I
V N Z U A I T L I I E J F T I M
A L W P L S A I H B X J A N S I
Q S K G S T O C T W A Z E A A R
Q M R K I D N T U A Z N T M U E
O O S T N A H Y A R N N A I R S
Y H A A E Z P W L N L F K N U N
N N R W R A E M E J A I I A S A
T L A M U R O S A U R U S R Y D
```

AMPELOSAURUS, AMUROSAURUS,
ANABISETIA, ANATOSAURUS,
ANATOTITAN, ANCHIORNIS,
ANCHISAURUS, ANDESAURUS,
ANGATURAMA, ANGOLATITAN,
ANIMANTARX, ANSERIMIMUS

Puzzle #4

```
Y A A P U O R W F Q S T D P P A
S V A N Z H I A H Y V R S E T R
U A N A T C H R G F D U U I V C
R R V S B E Z A I J R G I L I H
U I U T D A T L X U S O E M F A
A S N R O S G O A Z S V U P B E
S T O O X N C S N U T M O Z W O
O O Z D P A O A R I M Z V N W C
T S Q O V G O U Y Q T R G K U E
C U G N A T A R D Q R R W K G R
R C Y R Y S S U V G W T U N P A
A H A W A C S S U U R E Y S J T
T U G L A P A T O S A U R U S O
N S T L H F M S B X T L M D V P
A A S U R U A S O R Y G R A Y S
X F W A R C H A E O P T E R Y X
```

ANTARCTOSAURUS, ANTETONITRUS, APATOSAURUS, ARAGOSAURUS, ARALOSAURUS, ARCHAEOCERATOPS, ARCHAEOPTERYX, ARGYROSAURUS, ARISTOSUCHUS, ASTRODON, ATLASAURUS

Puzzle #5

```
G L S U R U A S A I R A H A B H
R S U R U A S O R T C A B R S S
I I A R R P K B W B C D H G P N
R N U P O B K Z Q N D Q W H O A
O N S N A T A Y J M P M S B T U
T A T O O V P G X J G A G A A S
P R R D A B I A A B J E M G R T
A Y A O H U R M R R H Y R A E R
R T L S V K C U I I A M J C C O
O A O Y C G P A A M C A R E A S
R I D L E X G C S L U O T R V A
T V O B L V Z U M A A S R A A U
S A C U V K S I F X U B J T N R
U E U A D V A H G L O R Z O A U
A M S S J S P V Z D M H U P I S
M P P Y D W H B Z Y P P G S Q K
```

ATROCIRAPTOR, AUBLYSODON,
AUCASAURUS, AUSTRALODOCUS,
AUSTRORAPTOR, AUSTROSAURUS,
AVACERATOPS, AVIATYRANNIS,
AVIMIMUS, BACTROSAURUS,
BAGACERATOPS, BAGARAATAN,
BAHARIASAURUS, BALAUR

Puzzle #6

```
W G X T J T N S Y X T A Z M U C
T F F A B E L L U S A U R U S B
B B X S N A H Q N M Y T R J D E
S A E Y U I P N B I Z B Z X P I
D U M I N R P A X G F W M V T P
I Y R B S O U S Y U D Y C F Z I
Y F G U I H Y A E D T I W Y A A
X H Y T A R A R S L A O S B I O
M R D J Q S A N A O K X N O V S
L F G F V H O P L B R C R A O A
F A U A U I R I T O R A E Z G U
R P E K G C A R H O N O B B O R
G Y J C U L Z A Z C R G Y R R U
B O N I T A S A U R A I L N O S
O N B A R A P A S A U R U S B B
F I R T Z F J Y A H G S B O V T
```

BAMBIRAPTOR, BARAPASAURUS, BAROSAURUS, BARYONYX, BECKLESPINAX, BEIPIAOSAURUS, BEISHANLONG, BELLUSAURUS, BONITASAURA, BOROGOVIA, BRACHIOSAURUS

Puzzle #7

```
T B U I T R E R A P T O R J C J
J F S U R U A S O T P M A C C Z
I O C E R A T O N Y K U S F E U
S U R U A S O N O R Y B F E R K
S C V B Y X Y R E T P I D U A C
U S D C A R N O T A U R U S T U
R T P B R O N T O M E R U S O S
U X H O I R V V S A M Y N V S T
A L K B N C A M E L O T I A A W
S Y C E T I O S A U R I S C U S
O O B I Q Y S X S F Z B J V R J
I W B X Z L A A C M A G F Y U W
T A J E K S F R R K W H D P S E
E F L M V K L T I E A W H P V S
C I R B C B E V J V C K U L C Z
C M W C A M A R A S A U R U S T
```

BRONTOMERUS, BUITRERAPTOR, BYRONOSAURUS, CAMARASAURUS, CAMELOTIA, CAMPTOSAURUS, CARNOTAURUS, CAUDIPTERYX, CERASINOPS, CERATONYKUS, CERATOSAURUS, CETIOSAURISCUS, CETIOSAURUS

Puzzle #8

L S U R U A S O G N I L A I H C
C U C H I N D E S A U R U S T X
O R P X N S X H T F V C P T W N
M U S S U R U A S I T U B U H C
P A E U P S U R U L E O C O H W
S S T R A Q D U U W X I F S N Y
O O O U W S B I E A I L I X V B
G N N A T Q N F F I S S F H I N
N O E S V Y R S F U Y O I T M L
A R T O R A R Y Y H K I A I G K
T A S M L E M D P R H P W L L K
H H O S X C E O O G I I P G C K
U C R A N N L W K T J F A E X T
S A I H A E B Q I R T O P H V Q
U K H C O Y T C Z D L C C E H H
R V C C M F S K Q Y S R J D C A

CHARONOSAURUS, CHASMOSAURUS,
CHIALINGOSAURUS, CHINDESAURUS,
CHIROSTENOTES, CHUBUTISAURUS,
CITIPATI, CLAOSAURUS, COELOPHYSIS,
COELURUS, COMPSOGNATHUS

Puzzle #9

```
H M S U R I E H C O N I E D D S
C C C O N C A V E N A T O R D U
R S R V D I D K U S Q B S S S R
I U O R A T I H R D R H S U N U
C R T D S N A C S E O B U R A A
H U P E P Z B Y U I T K R U L S
T A A L L D L H R N P C U A O O
O S R T E H O Z U O A Y A S V H
N O R A T R C W R N R I S U O P
S H O D O G E I T Y O Q O O T O
A T D R S Q R W N C H T N T P L
U Y N O A U A E E H C Y O A Y O
R R O M U T T V C U N L M D R Y
U O C E R W O H A S O S E Z C R
S C M U U G P T D W C P A T V C
X R T S S O S Y J N D L D W B I
```

CONCAVENATOR, CONCHORAPTOR,
CONDORRAPTOR, CORYTHOSAURUS,
CRICHTONSAURUS,
CRYOLOPHOSAURUS, CRYPTOVOLANS,
DACENTRURUS, DAEMONOSAURUS,
DASPLETOSAURUS, DATOUSAURUS,
DEINOCHEIRUS, DEINONYCHUS,
DELTADROMEUS, DIABLOCERATOPS

Puzzle #10

```
C D D V L S U C O D O L P I D V
D R P Z C S U R U A S O Y R D J
N A D S E S M O D N N J M V N U
S V I U K D Q J A E J P W A O S
U I L R D R U P D G N D T D D U
R D O U P A G Q O X I L I E O R
U O P A I C Y R V L E C D Y R U
A S H S V O X A O P E O L M T A
S A O O F R R N O R L F P B E S
O U S E F E G C A L B D C U M O
E R A A S X A T O G R F T G I T
A U U R L R O D I I J C O Z D P
M S R C D P O M N Y F X V C S Y
O O U I S N I K Q Y S F H L D R
R P S D P E E Q Z A E N X U W D
D U U Z P R O Z C U S P K E R Z
```

DICERATOPS, DICRAEOSAURUS,
DILONG, DILOPHOSAURUS,
DIMETRODON, DIPLODOCUS,
DOLLODON, DRACOPELTA, DRACOREX,
DRAVIDOSAURUS, DRINKER,
DROMAEOSAURUS, DRYOSAURUS,
DRYPTOSAURUS

Puzzle #11

```
T K J Q D T K S J U A K A S A S
K E Y A I S A A R F E E I U C U
A H C X G Q D U B K K F R E Z R
Y A H H A S C R P N Y D A A S U
S A I Z I I E P P C K B H H U A
W U E B S N N I X V K W C P R S
V A R D M U O O D R S G R O U O
T G E U M A E D T H J A R A C
R D O O A A L A O N T Y C T S O
A F F V C S R O M N O Y O S O L
N G T Z E U O K E O G M E Y M S
C Y S V F O R I A H R G D D G Y
B A V S Q S V S N H A D U E I D
A B G Y Q X M Y O I B B O U N Y
O I E Y O K C J C R E V W E E Y
G S S U R U A S O T N O M D E N
```

DYSLOCOSAURUS, DYSTROPHAEUS, ECHINODON, EDMARKA, EDMONTONIA, EDMONTOSAURUS, EFRAASIA, EINIOSAURUS, ENIGMOSAURUS, EOCARCHARIA, EOCURSOR, EODROMAEUS, EOLAMBIA

Puzzle #12

```
G Q F I F X A F F W U C N H J D
K E J U Q R M N N O R C R Y N K
S U H N K A U H L Q B O H S M S
U S L F D U P I H D T V U L P U
R K S Y A B I A T P A B J E Z R
U E S U L B H R A A U F U T E U
A L U O R U R R A J D H K O N A
S O I Z U U O O I P E E T Q E S
O S R P W E A I S L T Y N I B A
H A A E D Y U S O A R O L S F P
T U C Z R Q L P O A U H R T X O
H R L C E K U V N K L R D J H R
C U A I C S E N H R I B U B Z U
A S F N U U U T D C U L J S S E
P P M U J S A N U P G A R B B E
E Q R J P G S U H C B N A E R Q
```

EORAPTOR, EOTYRANNUS,
EPACHTHOSAURUS, EQUIIJUBUS,
ERKETU, ERLIKOSAURUS, EUHELOPUS,
EUROPASAURUS, EUSKELOSAURUS,
FABROSAURUS, FALCARIUS,
FRUITADENS, FUKUIRAPTOR

Puzzle #13

```
B O V D S H S T Y M Y P E J S I
S R C P O U M U I K A M T D X Y
G U O M G A R P M L P O L S L I
I Q R T G O I U D I X C W R S M
L A Q U P I B N A M M S X Y J K
M V O S A A R I O S D I K T T Z
O W J U X S R A C T I D L X Y X
R Y M X T B O O F E S U I L R R
E J N E N H O S T F R A K B A U
O K U G X L A W A N A A G U S G
S W Y T G Z Q N G G A T T I F T
A S U M I M I D U R A G I O U H
U K G X K M N T M C Q G I T P A
R R K H I W A N A Z V X M G A S
U M U I R E H T O R U G L U F N
S S U R U A S A R I J O G X N Z
```

FUKUISAURUS, FULGUROTHERIUM,
GALLIMIMUS, GARUDIMIMUS,
GASOSAURUS, GASTONIA,
GIGANTORAPTOR, GILMOREOSAURUS,
GIRAFFATITAN, GOBICERATOPS,
GOJIRASAURUS

```
S H E R R E R A S A U R U S B M
T C H J S Z R H C K G I K Y H H
X H E H S U H P Y R G A H A E F
H A S E W Z R G H G V F D X R B
E P P Y B U Q U N Z V R I Z K E
S L E U M R W E A O O N R C A X
P O R A N X O U T S L H J E S H
E C O N Z T M D A U O N I Y S Q
R H N N J M L U S B F G A C B A
O E Y I S Q R A N S T R R U J H
S I C A W U U C X F S D Q O G X
A R H H S R E Q Y B Q Y W M G B
U U U C U G O Y O C E P H A L E
R S S H A R P Y M I M U S L D
U X G R Y P O S A U R U S W X Q
S G O N D W A N A T I T A N U H
```

GONDWANATITAN, GORGOSAURUS, GOYOCEPHALE, GRYPOSAURUS, GUANLONG, HADROSAURUS, HAGRYPHUS, HAPLOCHEIRUS, HARPYMIMUS, HERRERASAURUS, HESPERONYCHUS, HESPEROSAURUS, HEXINLUSAURUS, HEYUANNIA

Puzzle #15

```
H I G N A V U S A U R U S Z V S
H Y S I Z G O X M G W Q S O W U
O D P U H W Q Y D U K V C J S H
M G O S R N X Q V A L A G L U T
A S H S I U I J G Y R R I Y R A
L Y U M U L A L A D T S Q V U N
O N G R J H O S O B F S J W A G
C A O P U I C P O K C F A I S A
E W N D Z A P U H E E P U L O I
P Z X F O I S L S O A L R U V X
H F T R H N K I Q O D L E X I A
A I C Y O H A X E C D O Y S S U
L E U F S R D U F B F N N H I H
E E G V Z Q W G G E A E I L C A
K S W L F I N C H I N U C T N I
D H T A Q N U I L W H U H A I W
```

HIPPODRACO, HOMALOCEPHALE,
HUABEISAURUS, HUAXIAGNATHUS,
HYLAEOSAURUS, HYPSILOPHODON,
IGNAVUSAURUS, IGUANODON,
ILOKELESIA, INCISIVOSAURUS,
INDOSUCHUS

Puzzle #16

```
J S U R U A S O N A H S G N I J
A H U K H A A N F G V G F C W X
S I J W K M L H B Q Q B E R G Y
U J N D F I J X K N C T M O Q R
R J J E R W L E D G L I T H E
U J O S G O I E Y M H B U A G T
A E W B U N T S S A A U A T M P
S U N X A C I A I K W E J I Y O
U K S T A R I V N S U A D R M G
O N J A Q R I S A E A S T R N N
H Z J B C P A A Q O V U V I W E
Z X J A N E N S C H I A R V R F
N X I L N E P T F C V S R U W N
I S U R U A S O L O H E J U S I
J S U R U A S O R T N E K I J J
Q N S U R U A S O T R A X A J Y
```

INGENIA, IRRITATOR, ISISAURUS, JANENSCHIA, JAXARTOSAURUS, JEHOLOSAURUS, JEYAWATI, JINFENGOPTERYX, JINGSHANOSAURUS, JINZHOUSAURUS, JOBARIA, JURAVENATOR, KENTROSAURUS, KHAAN, KILESKUS

Puzzle #17

L A N Z H O U S A U R U S Z S J
B L C U S U H C U S O G A L U T
U K L L W G V W U K Z J M L R S
L P P N H P A X R X T E E F U P
E I I V Q K O Y U T Z X V Q A O
S K N D M O P U R L O G X J S T
S R O O I T V C J V I O J M O A
E I Q J O A J P I A S Y T L E R
M T T P V S Y S A I N R H A B E
S O S P H A A V N N J W K V M C
A S B L V U T O H A X D Z M A A
U A E E R R J V I C M K O L L E
R U R U D U B O J O D B S U N R
U R S O D S S I X B C V Q S S O
S U I Y V Z S B F A Y V D C O K
T S T Z I I A E L L P S H P U Y

KOL, KOREACERATOPS, KOTASAURUS,
KRITOSAURUS, KRYPTOPS, LABOCANIA,
LAGOSUCHUS, LAMBEOSAURUS,
LANZHOUSAURUS, LESSEMSAURUS,
LEXOVISAURUS

Puzzle #18

```
A B F L G O Z M Z W Y B T L G S
S Q G W I E G L F B U Z Y S W I
A P I L P L P U O Q L U U A M R
T C O R I I I O A Y Y K C L A T
J R P T B M T E C X Y T I A G S
L T O A A O U O N N A N R K N O
J U P T D R R S E S H I B A O R
W J R A P H E H A E T V Q H S I
W X O D I A N C V U V E B A A N
O W Q N U I R E O N R K R M U G
H E U O L S N E A A U U R N R A
Q S C A I A A Y H B I P S T U M
M D X F T Q X U Y N W L A B S S
B I Z O X A O J R M I A W V Y E
U P R P J O A C O U U L V G H G
H W U M A G Y A R O S A U R U S
```

LIAOCERATOPS, LILIENSTERNUS,
LIMUSAURUS, LINHENYKUS,
LINHERAPTOR, LINHEVENATOR,
LURDUSAURUS, LYCORHINUS,
MAGNIROSTRIS, MAGNOSAURUS,
MAGYAROSAURUS, MAHAKALA

Puzzle #19

```
D S S U L O H T A G N U J A M F
M U S R B A K C P S M P F X R S
A R U O Z D G A U I I L X S U S
S U R T O I M A P U S A U R U S
S A U P O I E J P T B R U R N D
O S A A E V B W Z E U A U M M B
S I S R C B Z Z B A S A E A L G
P L O A M E I R S O S T B I V J
O L N G B Z I O L I G A F A A O
N E P E R B H A W A E T X S F H
D T A M D S G A V E F X J A V Q
Y N G L R E L H S Y C N H U Q N
L A E A M A F M K Q K L H R X Z
U M M G M F S K J I R H U A S H
S S U R U A S I H C N E M A M Z
Y M A S I A K A S A U R U S S W
```

MAIASAURA, MAJUNGATHOLUS, MALAWISAURUS, MAMENCHISAURUS, MANTELLISAURUS, MAPUSAURUS, MARSHOSAURUS, MASIAKASAURUS, MASSOSPONDYLUS, MEGALOSAURUS, MEGAPNOSAURUS, MEGARAPTOR, MEI

Puzzle #20

```
A Y W Y D B L M U H Y U X W A W
G P M I C R O R A P T O R W I S
G M O N K O N O S A U R U S H P
C M A Z Y M P D G P I Q C N C O
M S O X M S I Y U U G H Q S S T
Y Y Y J H O S R C Y F N S T I A
R H M R O S N U A T E T M L R R
T P E O B C U O R G A Y L D I E
L X B C O S E K C U A F H D M C
V F V K H R C R Y L A I S C E O
O H N G I J A D A N O S A P X R
B M K D N T Q P M T O N S A Q C
J E D W V W X L E I O N I U R I
O O O A I A M Q D L N P O U M M
E D W Y B C P G R Z T M S M S A
R W K L K E S O R G J A I O R L
```

MICROCERATOPS, MICRORAPTOR,
MINMI, MIRAGAIA, MIRISCHIA,
MOJOCERATOPS, MONKONOSAURUS,
MONOCLONIUS, MONONYKUS,
MUSSAURUS, MYMOORAPELTA

Puzzle #21

```
J N A N O T Y R A N N U S C B A
N N Q W E B A S A U R U S U N U
K E O S M A Z P E Y F Z N G E E
R R M A E J U S U V D N I N U N
A O D E S L L Y C D O F G E Q M
A H T M G A E M M T G A E D U I
P S U A V T U E H D B I R C E I
E K G L N B O R Y B A G S O N G
T N N O Q E O M U M E N A L S T
M D F L H N V A A S F I U B A P
H U E F Y Q X O V I Y M R E U I
C J I C J Z Y U E P A O U R R L
L N H B O M B L O N V N S T U Y
E U S U R U A S O D O N O I S U
S G D B P D R E Y I Z Y T A N N
M Y N N E M E G T O S A U R U S
```

NANOTYRANNUS, NEDCOLBERTIA, NEMEGTOMAIA, NEMEGTOSAURUS, NEOVENATOR, NEUQUENSAURUS, NIGERSAURUS, NOASAURUS, NODOSAURUS, NOMINGIA, NOTHRONYCHUS, NQWEBASAURUS

Puzzle #22

```
S E T S E L O H T I N R O E M B
I S U R U A S O N A R U O U J M
O M H F R R O T P A R I V O W N
Z Z T R H O Z C B K O U A H I E
M B R D C C P X N B I I C J D S
S S G A J K M M L N L A I E S U
P B F Q P M O T U E Q A K O N R
O W J G F T R G I T T Y F Y M U
T I X L C E O N V J N G W A D A
A T B Y E T H R A I A L A X O S
R W O T W T U Q P J Q A A Q O I
E N X R O U U P G R I B Q D Q E
C W H M T S U E M O R D O R O M
O D I S U M I M O H T I N R O O
J B P A L U X Y S A U R U S N D
O Y Z B O L O R O T I T A N B Q
```

OJOCERATOPS, OLOROTITAN,
OMEISAURUS, ORNITHOLESTES,
ORNITHOMIMUS, ORODROMEUS,
OTHNIELIA, OURANOSAURUS,
OVIRAPTOR, OXALAIA, OZRAPTOR,
PALUXYSAURUS

Puzzle #23

```
J  W  S  S  U  R  U  A  S  O  L  P  O  N  A  P
K  V  P  K  R  I  P  H  J  O  I  E  I  D  S  R
S  Q  E  X  P  D  E  T  H  Q  W  E  Z  U  L  P
U  N  N  P  A  C  D  O  R  J  V  K  R  V  A  P
M  O  T  M  R  Q  O  Y  C  B  T  U  H  N  A  P
I  D  A  Z  A  P  P  M  C  H  A  Z  P  W  E  I
M  O  C  G  L  D  E  Y  G  S  N  H  P  P  F  N
I  H  E  C  I  G  N  X  O  O  A  A  A  N  B  A
N  T  R  H  T  Z  N  G  K  G  W  N  D  C  B  C
A  N  A  R  I  M  A  S  I  S  T  A  F  D  M  O
C  A  T  T  T  T  L  A  A  Y  J  L  D  J  D  S
E  R  O  S  A  U  R  U  D  C  E  C  Y  H  H  A
L  A  P  P  N  H  R  R  S  J  G  M  H  J  D  U
E  P  S  U  R  U  A  S  O  N  A  S  I  P  L  R
P  N  K  S  S  C  R  K  E  R  M  N  N  Y  L  U
T  P  E  L  O  R  O  S  A  U  R  U  S  Q  F  S
```

PANOPLOSAURUS, PANPHAGIA,
PANTYDRACO, PARALITITAN,
PARANTHODON, PATAGOSAURUS,
PAWPAWSAURUS, PEDOPENNA,
PELECANIMIMUS, PELOROSAURUS,
PENTACERATOPS, PINACOSAURUS,
PISANOSAURUS

Puzzle #24

```
S  G  S  U  H  P  O  L  O  R  U  A  S  O  R  P
U  I  K  T  M  F  M  U  T  F  L  E  P  F  P  S
R  C  L  F  V  D  N  G  U  S  L  L  S  R  P  P
U  U  Q  H  U  X  X  N  C  A  A  U  P  O  S  O
A  K  M  Y  J  C  G  H  H  T  H  U  D  X  U  T
S  K  V  Q  C  U  G  P  E  T  E  O  P  F  L  A
O  E  U  B  S  J  E  O  N  R  K  G  R  M  E  R
L  M  A  Q  S  C  S  A  T  E  Q  R  B  Z  O  E
P  B  M  V  O  A  C  A  S  O  A  M  I  N  C  C
O  J  S  N  U  A  S  A  V  J  H  D  A  I  O  O
N  S  E  R  L  A  U  L  H  D  V  E  Z  L  R  T
A  R  U  O  U  R  H  A  Z  Q  Z  O  R  T  U  O
P  S  P  R  U  N  K  B  W  V  U  X  H  X  E  R
O  E  U  S  J  A  X  Y  K  P  M  I  L  C  L  P
R  S  S  P  O  T  A  R  E  C  O  N  E  R  P  Q
P  O  E  K  I  L  O  P  L  E  U  R  O  N  R  I
```

PLATEOSAURUS, PLEUROCOELUS,
PODOKESAURUS, POEKILOPLEURON,
POLACANTHUS, PRENOCEPHALE,
PRENOCERATOPS,
PROPANOPLOSAURUS,
PROSAUROLOPHUS, PROTOCERATOPS,
PUERTASAURUS

Puzzle #25

```
I A P Y R O R A P T O R Q L S U
T P B Z R E T R D K E U F U V R
G R S O F A U K N A R K R L Q E
N H H Y R G P R W N F U R L C G
S Q E A O I R E U Q A J S C B N
U I P P B C N X T S B I W M G O
R A S D Z D M C A O V H H M D S
U O R R K Z O J H A S R B W R A
A W Q A X T A D N E I A L T R U
S A D P J R Y O O G N S U Y Z R
S N F T N A H X X N J I F R M U
A L N O C A Q H R J Q B A K U S
T O I R R I O J A S A U R U S S
N N P E Y R O X S Z O C D I F U
A G J X S P Q V S X A E M Z R T
Q R H O E T O S A U R U S I X E
```

PYRORAPTOR, QANTASSAURUS,
QIAOWANLONG, RAHONAVIS,
RAJASAURUS, RAPETOSAURUS,
RAPTOREX, REGNOSAURUS,
RHABDODON, RHOETOSAURUS,
RINCHENIA, RIOJASAURUS, RUGOPS

Puzzle #26

```
R O T P A R A N A T N A S O N C
U O R S A R C O S A U R U S S J
R P B F A Z H H I Y I K A A Q S
Z R C V M O U L A Q R U L X K A
Z J Q X S R A B D I R T C O S U
E J W B N N O E M O O Q R B H R
P T X Z R M Q F P P T O C B T O
P A T U H S Z E U G N T Q O S L
N N T I X Z L S H B V X N J I O
Y A U S E T S E L O C R A S X P
S S A R A H S A U R U S G S C H
D S A U R O P O S E I D O N M U
D D O S A I C H A N I A Q H V S
J J C Y S U R U A S A T L A S K
L Y S U R U A S N A U J N A S N
X A N A G A H P O R U A S R S K
```

SAICHANIA, SALTASAURUS, SALTOPUS,
SANJUANSAURUS, SANTANARAPTOR,
SARAHSAURUS, SARCOLESTES,
SARCOSAURUS, SATURNALIA,
SAUROLOPHUS, SAUROPELTA,
SAUROPHAGANAX, SAUROPOSEIDON, T

Puzzle #27

```
T Y F G S E I S M O S A U R U S
B H Y C T S E G I S A U R U S X
S C Z Z U H H V B K Y I G K C O
S E G N O S A U R U S Y O Y E O
R E C W X P Q C N U P S F K L W
J C T E O Y F U R O U O K W I D
Z K V J R E N U H R S L H Q D C
V G W U K N A O U G V A A O O F
I J C J N S O A I U U V U H S C
T Y V H O S S S D P S T E R A R
Z G T V M O Q C A S I L A U U W
W Z U Q L C L H A U J C I L R S
J H J L Y Y F A T F R O S V U D
S X E X S I L V I S A U R U S K
H S R R E W F W E H Y O S W M B
R Y L T P W Q P S M X R L C S H
```

SCELIDOSAURUS, SCIPIONYX, SECERNOSAURUS, SEGISAURUS, SEGNOSAURUS, SEISMOSAURUS, SEITAAD, SELLOSAURUS, SHUNOSAURUS, SHUVOSAURUS, SHUVUUIA, SILVISAURUS

Puzzle #28

```
S T A U R I K O S A U R U S P W
S S U L O H T O R E A H P S U W
P T S S T F U Y V D G Q F Y K E
I V K E X S Q N V X B I Q X H I
N G O D S B U K P F T S U S R E
O U R I I I P R C I C Z I S V J
S T P O N A N M U G V N C X P K
T R I H U S X O I A R Z E C K B
R K O T S F T B V A S M Z P H A
O L V I O Z Z N P E O O B W S Z
P Q E N N Q F T E Z N C N C D K
H R N R A M O O V J P A P I I B
E Y A O S R B Q N W L B T L P T
U U T N U R O Z R O W C L O S S
S L O I S O B R H V C I S K R F
S J R S O N O R A S A U R U S T
```

SINORNITHOIDES, SINOVENATOR,
SINRAPTOR, SINUSONASUS,
SKORPIOVENATOR, SONORASAURUS,
SPHAEROTHOLUS, SPINOSAURUS,
SPINOSTROPHEUS, STAURIKOSAURUS

Puzzle #29

```
N H S U M I M O I H T U R T S P
D E O S U R U A S O G E T S U W
H O U M J O S U C H O M I M U S
S R B A U S T Y G I M O L O C H
T U Y D K D Z Y J C D K Z K Q U
O S Z S K N A T P B O T A L O S
K X T H U O E A I W V S A S R S
E I W E O R F L Z G U O A Z H U
S L D O G U U P A U C J J Z N R
O E W R O O S A W T F K A R E U
S P C I M K C A S Q P H A F C R
A O X S N K S E U R S A X P G A
U N N G A S G C R R E J X H R L
R E X I E B V K Z A U P W D Y A
U T I A F A K R K Z S S U Z H T
S S Z K J Y S G I C F X Y S D J
```

STEGOCERAS, STEGOSAURUS, STENOPELIX, STOKESOSAURUS, STRUTHIOMIMUS, STYGIMOLOCH, SUCHOMIMUS, SUPERSAURUS, SUUWASSEA, SUZHOUSAURUS, TALARURUS, TALENKAUEN, TALOS

Puzzle #30

```
T A R A S C O S A U R U S U P T
A I T T M T A R C H I A X R T A
I T S E A R B D M J A W A T E S
L S N O L N C P V B S R E O N T
A O U E R M Y H O D N R E V O A
T K M R W D A C O L A S I F N V
Y L X E U C A T O T Q H G I T I
H G K H H A R H O L K H M V O N
P S W W F Y S P S S A N G B S S
O S K R R H H O U Y A G A J A A
I V O D D O I I B J H U R R U U
E V M K N O N P M R K T R E R R
H Q H E Y A R L F Y A H E U U U
T H U T T J I P U X D T V T S S
O S T E X A C E P H A L E A Y R
T E C H N O S A U R U S N U Q C
```

TANIUS, TANYCOLAGREUS,
TARASCOSAURUS, TARBOSAURUS,
TARCHIA, TASTAVINSAURUS, TAWA,
TECHNOSAURUS, TELMATOSAURUS,
TENONTOSAURUS, TERATOPHONEUS,
TETHYSHADROS, TEXACEPHALE,
THEIOPHYTALIA

Puzzle #31

```
T S I N T A O S A U R U S P S B
H K W N T O R V O S A U R U S O
E E L A H P E C O L Y T D S J I
S J G N O L U Y N A I T A T R K
C S B Z X Q P L Z T L B I O B B
E U Z H X J O C R N Z T T S Z P
L R Y K C H X C Y U A P J P K M
O U A P Q U J O Z N A G B O P J
S A H A O E D N O R G K A T I J
A S S O I V O S U R O G Y A Y M
U O I F Z D A Y N A D O W R S C
R R H C O U N B S T E G Z E J T
U O T O R A P K B W U L O C R K
S T R U I M S R F E R E J I U S
E T S T I M I M U S T Z B R N S
H S U R U A S O N N A R Y T R T
```

THESCELOSAURUS, TIANYULONG,
TIANYURAPTOR, TIMIMUS,
TITANOSAURUS, TOROSAURUS,
TORVOSAURUS, TRICERATOPS,
TROODON, TSAAGAN, TSINTAOSAURUS,
TYLOCEPHALE, TYRANNOSAURUS

Puzzle #32

```
H T E U P W F S Q L D Z D C O J
S R T B W E L L N H O F E R I A
P O A E V B S Q T G Y N V I V N
O T U R J H O K O Y Q B T A O A
T P T A B P E H B U D N L D A T
A A A B E U F P H I C D O X U I
R R H A V E L A F R O N S R U T
E I R T F I M M O S A M B E N O
C C A I A G I T A C W A I U E N
H O P T D G P U L W C W N T N N
A L T A C A R U T O M S I R L A
T E O N R U V T D M N F A L A R
U V R I S X B O W H Y O F G G Y
T C R T X X N A U T Q Q J O I T
Q A U N A Y S A U R U S G P A T
V N A T I T O N O T N I W E B L
```

TYRANNOTITAN, UBERABATITAN,
UNAYSAURUS, UNENLAGIA,
URBACODON, UTAHCERATOPS,
UTAHRAPTOR, VALDOSAURUS,
VARIRAPTOR, VELAFRONS,
VELOCIRAPTOR, VULCANODON,
WELLNHOFERIA, WINTONOTITAN

Puzzle #33

```
H X G N O L N A U G G N O I X W
U F Y C Q V H Z U N Q V L T T S
X M S A R Y O E S G M R R U N U
U N V P N L P T A B D U P E S R
A O D I O D C I U W P A F J W U
N D U H X T U Q Z T Q W F I X A
H I P Q I I A S R V M F W J I S
A E Z H A U X R A I I M T N A O
N S P E O K P I E U A I G X O S
O O E Q S K Y U A C R H E L T R
S P U A A X I A W N A U Z W I A
A O S W U L E N Z G Y M S E N T
U N P B R J Z M K W H K A Q G O
R E H D U Q X I T G Y P U Y I N
U X Y L S L E S A S S P G S A E
S U C S U R U A S O H R E U W X
```

WUERHOSAURUS, XENOPOSEIDON, XENOTARSOSAURUS, XIAOSAURUS, XIAOTINGIA, XIONGGUANLONG, XIXIANYKUS, XUANHANOSAURUS, YAMACERATOPS, YANDUSAURUS

Puzzle #34

```
S  S  S  H  A  R  I  L  G  L  Y  J  Q  T  O  T
U  P  N  U  V  O  D  O  Y  M  W  J  Q  P  B  L
S  E  O  E  R  R  Z  X  W  I  N  W  Q  M  I  U
U  F  R  T  D  U  K  L  Y  K  N  Z  T  G  M  R
R  Z  Z  D  A  F  A  H  X  Y  Q  L  M  R  H  A
U  H  Q  U  H  R  A  S  J  G  Z  Z  O  H  J  Z
A  M  R  I  P  Z  E  L  O  U  Y  V  G  N  X  A
S  R  M  X  P  A  O  C  Z  N  E  X  H  J  G  B
U  B  Y  B  E  O  Y  A  I  H  A  T  K  Z  K  A
O  Q  W  D  H  K  L  S  L  N  A  N  E  W  K  N
H  N  P  Z  J  M  C  B  A  D  U  R  N  P  G  A
Z  W  G  S  O  S  X  W  L  U  I  Z  J  U  I  Z
I  F  T  X  A  I  D  N  A  L  R  E  V  A  Y  E
Y  Z  E  T  M  U  T  G  A  O  B  U  Q  R  E  C
A  S  I  Q  U  I  D  F  C  G  O  Y  S  G  N  P
C  X  H  S  U  R  U  A  S  O  N  E  M  I  Y  Y
```

YAVERLANDIA, YIMENOSAURUS, YINLONG, YIZHOUSAURUS, YUNNANOSAURUS, ZALMOXES, ZANABAZAR, ZUNICERATOPS, ZUPAYSAURUS

Puzzle #1 - Solution

```
U T P Z K O D F R W U A H A G U
Q A H M X R A B S H U B C E U U
Z A X Y N O D R A A T E R O X S
G B J J Q P M R P G M L O L W U
R Y B A J Y S W C Y T I T O C R
O D Q Q T A H L T M X S A S K U
T O U W N M Y I P M V A N A T A
A S I S Y C W K R Z Z U E U E S
B A S U R U A S A D A R V R I U
O U O Y B C X I F V O U O U J O
L R V M Z P X O W N X S R S H L
L U Q G Z W E Q W T T K F K U E
I S R V C B R X T E S M A I E H
H B A B R I C T O S A U R U S C
C C K G S K Z N A P Z W N X U A
A B A B R O S A U R U S V Q Q X
```

Puzzle #2 - Solution

```
S U R U A S A X L A Q C K S R C
D A A W A M A Z O N S A U R U S
Q L A J K N L H J V L R A W S U
E E J Z C P I K Q E U L B U F R
L C Y F Z D D P T A B S R S E U
A T H M R M E O S E U U U K S A
H R P S Z Z P O R R A R A U A S
P O K E V E M T U S U L M G U O
E S I L L M O A A A T A U R S T
C A T A N S G S I R S U N B R
A U A S Y I R O R O T A L P K E
K R F K L A M H I I S N L D H B
S U U I M A I L N O X M Q V V L
A S G A L N A I L H X Z T I E A
L A J A U U A L X S O K R V N F
A O F S D T A N S H Z D U Y R T
```

Puzzle #3 - Solution

```
A J R R C R I L C A T S C J T Q
I E Y F P R I M M K B B E N E L
A S T S U R U A S O L E P M A P
Z A D A S U R U A S E D N A S D
S I N U I U A C J A L A M I A S
C U S A T T R S W Q N V N X N U
X R R A T R E G D G T R Y R C M
U R G U X O V S O U O N X A H I
V N Z U A I T L I I E J F T I M
A L W P L S A I H B X J A N S I
Q S K G S T O C T W A Z E A A R
Q M R K I D N T U A Z N T M U E
O O S T N A H Y A R N N A I R S
Y H A A E Z P W L N L F K N U N
N N R W R A E M E J A I I A S A
T L A M U R O S A U R U S R Y D
```

Puzzle #4 - Solution

```
Y A A P U O R W F Q S T D P P A
S V A N Z H I A H Y V R S E T R
U A N A T C H R G F D U U I V C
R R V S B E Z A I J R G I L I H
U I U T D A T L X U S O E M F A
A S N R O S G O A Z S V U P B E
S T O O X N C S N U T M O Z W O
O O Z D P A O A R I M Z N W C
T S Q O V G O U Y Q T R G K U E
C U G N A T A R D Q R R W K G R
R C Y R Y S S U V G W T U N P A
A H A W A C S S U U R E Y S J T
T U G L A P A T O S A U R U S O
N S T L H F M S B X T L M D V P
A A S U R U A S O R Y G R A Y S
X F W A R C H A E O P T E R Y X
```

Puzzle #5 – Solution

G L S U R U A S A I R A H A B H
R S U R U A S O R T C A B R S
I I A R R P K B W B C D H G P N
R N U P O B K Z Q N D Q W H O A
O N S N A T A Y J M P M S B T U
T A T O O V P G X J G A G A A S
P R R D A B I A A B J E M G R T
A Y A O H U R M R R H Y R A E R
R T L S V K C U I I A M J C C O
O A O Y C G P A A M C A R E A S
R I D L E X G C S L U O T R V A
T V O B L V Z U M A A S R A A U
S A C U V K S I F X U B J T N R
U E U A D V A H G L O R Z O A U
A M S S J S P V Z D M H U P I S
M P P Y D W H B Z Y P P G S Q K

Puzzle #6 – Solution

W G X T J T N S Y X T A Z M U C
T F F A B E L L U S A U R U S B
B B X S N A H Q N M Y T R J D E
S A E Y U I P N B I Z B Z X P I
D U M I N R P A X G F W M V T P
I Y R B S O U S Y U D Y C F Z I
Y F G U I H Y A E D T I W Y A A
X H Y T A R A R S L A O S B I O
M R D J Q S A N A O K X N O V S
L F G F V H O P L B R C R A O A
F A U A U I R I T O R A E Z G U
R P E K G C A R H O N O B B O R
G Y J C U L Z A Z C R G Y R R U
B O N I T A S A U R A I L N O S
O N B A R A P A S A U R U S B B
F I R T Z F J Y A H G S B O V T

Puzzle #7 – Solution

T B U I T R E R A P T O R J C J
J F S U R U A S O T P M A C C Z
I O C E R A T O N Y K U S F E U
S U R U A S O N O R Y B F E R K
S C V B Y X Y R E T P I D U A C
U S D C A R N O T A U R U S T U
R T P B R O N T O M E R U S O S
U X H O I R V V S A M Y N V S T
A L K B N C A M E L O T I A A W
S Y C E T I O S A U R I S C U S
O O B I Q Y S X S F Z B J V R J
I W B X Z L A A C M A G F Y U W
T A J E K S F R R K W H D P S E
E F L M V K L T I E A W H P V S
C I R B C B E V J V C K U L C Z
C M W C A M A R A S A U R U S T

Puzzle #8 – Solution

L S U R U A S O G N I L A I H C
C U C H I N D E S A U R U S T X
O R P X N S X H T F V C P T W N
M U S S U R U A S I T U B U H C
P A E U P S U R U L E O C O H W
S S T R A Q D U U W X I F S N Y
O O O U W S B I E A I L I X V B
G N N A T Q N F F I S S F H I N
N O E S V Y R S F U Y O I T M L
A R T O R A R Y Y H K I A I G K
T A S M L E M D P R H P W L L K
H H O S X C E O O G I I P G C K
U C R A N N L W K T J F A E X T
S A I H A E B Q I R T O P H V Q
U K H C O Y T C Z D L C C E H H
R V C C M F S K Q Y S R J D C A

Puzzle #9 - Solution

H	M	S	U	R	I	E	H	C	O	N	I	E	D	D	S
C	C	C	O	N	C	A	V	E	N	A	T	O	R	D	U
R	S	R	V	D	I	D	K	U	S	Q	B	S	S	S	R
I	U	O	R	A	T	I	H	R	D	R	H	S	U	N	U
C	R	T	D	S	N	A	C	S	E	O	B	U	R	A	A
H	U	P	E	P	Z	B	Y	U	I	T	K	R	U	L	S
T	A	A	L	L	D	L	H	R	N	P	C	U	A	O	O
O	S	R	T	E	H	O	Z	U	O	A	Y	A	S	V	H
N	O	R	A	T	R	C	W	R	N	R	I	S	U	O	P
S	H	O	D	O	G	E	I	T	Y	O	Q	O	O	T	O
A	T	D	R	S	Q	R	W	N	C	H	T	N	T	P	L
U	Y	N	O	A	U	A	E	E	H	C	Y	O	A	Y	O
R	R	O	M	U	T	T	V	C	U	N	L	M	D	R	Y
U	O	C	E	R	W	O	H	A	S	O	S	E	Z	C	R
S	C	M	U	U	G	P	T	D	W	C	P	A	T	V	C
X	R	T	S	S	O	S	Y	J	N	D	L	D	W	B	I

Puzzle #10 - Solution

C	D	D	V	L	S	U	C	O	D	O	L	P	I	D	V
D	R	P	Z	C	S	U	R	U	A	S	O	Y	R	D	J
N	A	D	S	E	S	M	O	D	N	N	J	M	V	N	U
S	V	I	U	K	D	Q	J	A	E	J	P	W	A	O	S
U	I	L	R	D	R	U	P	D	G	N	D	T	D	D	U
R	D	O	U	P	A	G	Q	O	X	I	L	I	E	O	R
U	O	P	A	I	C	Y	R	V	L	E	C	D	Y	R	U
A	S	H	S	V	O	X	A	O	P	E	O	L	M	T	A
S	A	O	O	F	R	R	N	O	R	L	F	P	B	E	S
O	U	S	E	F	E	G	C	A	L	B	D	C	U	M	O
E	R	A	A	S	X	A	T	O	G	R	F	T	G	I	T
A	U	U	R	L	R	O	D	I	I	J	C	O	Z	D	P
M	S	R	C	D	P	O	M	N	Y	F	X	V	C	S	Y
O	O	U	I	S	N	I	K	Q	Y	S	F	H	L	D	R
R	P	S	D	P	E	E	Q	Z	A	E	N	X	U	W	D
D	U	U	Z	P	R	O	Z	C	U	S	P	K	E	R	Z

Puzzle #11 - Solution

T	K	J	Q	D	T	K	S	J	U	A	K	A	S	A	S
K	E	Y	A	I	S	A	A	R	F	E	E	I	U	C	U
A	H	C	X	G	Q	D	U	B	K	K	F	R	E	Z	R
Y	A	H	H	A	S	C	R	P	N	Y	D	A	A	S	U
S	A	I	Z	I	I	E	P	P	C	K	B	H	H	U	A
W	U	E	B	S	N	N	I	X	V	K	W	C	P	R	S
V	A	R	D	M	U	O	O	D	R	S	G	R	O	U	O
T	G	E	U	M	A	E	D	T	T	H	J	A	R	A	C
R	D	O	O	A	A	L	A	O	N	T	Y	C	T	S	O
A	F	F	V	C	S	R	O	M	N	O	Y	O	S	O	L
N	G	T	Z	E	U	O	K	E	O	G	M	E	Y	M	S
C	Y	S	V	F	O	R	I	A	H	R	G	D	D	G	Y
B	A	V	S	Q	S	V	S	N	H	A	D	U	E	I	D
A	B	G	Y	Q	X	M	Y	O	I	B	B	O	U	N	Y
O	I	E	Y	O	K	C	J	C	R	E	V	W	E	E	Y
G	S	S	U	R	U	A	S	O	T	N	O	M	D	E	N

Puzzle #12 - Solution

G	Q	F	I	F	X	A	F	F	W	U	C	N	H	J	D
K	E	J	U	Q	R	M	N	N	O	R	C	R	Y	N	K
S	U	H	N	K	A	U	H	L	Q	B	O	H	S	M	S
U	S	L	F	D	U	P	I	H	D	T	V	U	L	P	U
R	K	S	Y	A	B	I	A	T	P	A	B	J	E	Z	R
U	E	S	U	L	B	H	R	A	A	U	F	U	T	E	U
A	L	U	O	R	U	R	R	A	J	D	H	K	O	N	A
S	O	I	Z	U	U	O	O	I	P	E	E	T	Q	E	S
O	S	R	P	W	E	A	I	S	L	T	Y	N	I	B	A
H	A	A	E	D	Y	U	S	O	A	R	O	L	S	F	P
T	U	C	Z	R	Q	L	P	O	A	U	H	R	T	X	O
H	R	L	C	E	K	U	V	N	K	L	R	D	J	H	R
C	U	A	I	C	S	E	N	H	R	I	B	U	B	Z	U
A	S	F	N	U	U	U	T	D	C	U	L	J	S	S	E
P	P	M	U	J	S	A	N	U	P	G	A	R	B	B	E
E	Q	R	J	P	G	S	U	H	C	B	N	A	E	R	Q

Puzzle #13 - Solution

```
B O V D S H S T Y M Y P E J S I
S R C P O U M U I K A M T D X Y
G U O M G A R P M L P O L S L I
I Q R T G O I U D I X C W R S M
L A Q U P I B N A M M S X Y J K
M V O S A A R I O S D I K T T Z
O W J U X S R A C T I D L X Y X
R Y M X T B O O F E S U I L R R
E J N E N H O S T F R A K B A U
O K U G X L A W A N A A G U S G
S W Y T G Z Q N G A T T I F T
A S U M I M I D U R A G I O U H
U K G X K M N T M C Q G I T P A
R R K H I W A N A Z V X M G A S
U M U I R E H T O R U G L U F N
S S U R U A S A R I J O G X N Z
```

Puzzle #14 - Solution

```
S H E R R E R A S A U R U S B M
T C H J S Z R H C K G I K Y H H
X H E H S U H P Y R G A H A E F
H A S E W Z R G H G V F D X R B
E P P Y B U Q U N Z V R I Z K E
S L E U M R W E A O O N R C A X
P O R A N X O U T S L H J E S H
E C O N Z T M D A U O N I Y S Q
R H N N J M L U S B F G A C B A
O E Y I S Q R A N S T R R U J H
S I C A W U U C X F S D Q O G X
A R H S R E Q Y B Q Y W M G B
U U U C U G O Y O C E P H A L E
R S S H A R P Y M I M U S L D
U X G R Y P O S A U R U S W X Q
S G O N D W A N A T I T A N U H
```

Puzzle #15 - Solution

```
H I G N A V U S A U R U S Z V S
H Y S I Z G O X M G W Q S O W U
O D P U H W Q Y D U K V C J S H
M G O S R N X Q V A L A G L U T
A S H S I U I J G Y R R I Y R A
L Y U M U L A L A D T S Q V U N
O N G R J H O S O B F S J W A G
C A O P U I C P O K C F A I S A
E W N D Z A P U H E E P U L O I
P Z X F O I S L S O A L R U V X
H F T R H N K I Q O D L E X I A
A I C Y O H A X E C D O Y S S U
L E U F S R D U F B F N N H I H
E E G V Z Q W G G E A E I L C A
K S W L F I N C H I N U C T N I
D H T A Q N U I L W H U H A I W
```

Puzzle #16 - Solution

```
J S U R U A S O N A H S G N I J
A H U K H A A N F G V G F C W X
S I J W K M L H B Q Q B E R G Y
U J N D F I J X K N C T M O Q R
R J J E R W L E D G L I T T H E
U J O S G O I E Y M H B U A G T
A E W B U N T S S A A U A T M P
S U N X A C I A I K W E J I Y O
U K S T A R I V N S U A D R M G
O N J A Q R I S A E A S T R N E
H Z J B C P A A Q O V U V I W E
Z X J A N E N S C H I A R V R F
N X I L N E P T F C V S R U W N
I S U R U A S O L O H E J U S I
J S U R U A S O R T N E K I J J
Q N S U R U A S O T R A X A J Y
```

Puzzle #17 - Solution

```
L A N Z H O U S A U R U S Z S J
B L C U S U H C U S O G A L U T
U K L L W G V W U K Z J M L R S
L P P N H P A X R X T E E F U P
E I I V Q K O Y U T Z X V Q A O
S K N D M O P U R L O G X J S T
S R O O I T V C J V I O J M O A
E I Q J O A J P I A S Y T L E R
M T T P V S Y S A I N R H A B E
S O S P H A A V N N J W K V M C
A S B L V U T O H A X D Z M A A
U A E E R R J V I C M K O L L E
R U R U D U B O J O D B S U N R
U R S O D S S I X B C V Q S S O
S U I Y V Z S B F A Y V D C O K
T S T Z I I A E L L P S H P U Y
```

Puzzle #18 - Solution

```
A B F L G O Z M Z W Y B T L G S
S Q G W I E G L F B U Z Y S W I
A P I L P L P U O Q L U U A M R
T C O R I I I O A Y Y K C L A T
J R P T B M T E C X Y T I A G S
L T O A A O U O N N A N R K N O
J U P T D R R S E S H I B A O R
W J R A P H E H A E T V Q H S I
W X O D I A N C V U V E B A A N
O W Q N U I R E O N R K R M U G
H E U O L S N E A A U R N N R A
Q S C A I A A Y H B I P S T U M
M D X F T Q X U Y N W L A B S S
B I Z O X A O J R M I A W V Y E
U P R P J O A C O U U L V G H G
H W U M A G Y A R O S A U R U S
```

Puzzle #19 - Solution

```
D S S U L O H T A G N U J A M F
M U S R B A K C P S M P F X R S
A R U O Z D G A U I I L X S U S
S U R T O I M A P U S A U R U S
S A U P O I E J P T B R U R N D
O S A A E V B W Z E U A U M M B
S I S R C B Z Z B A S A E A L G
P L O A M E I R S O S T B I V J
O L N G B Z I O L I G A F A A O
N E P E R B H A W A E T X S F H
D T A M D S G A V E F X J A V Q
Y N G L R E L H S Y C N H U Q N
L A E A M A F M K Q K L H R X Z
U M M G M F S K J I R H U A S H
S S U R U A S I H C N E M A M Z
Y M A S I A K A S A U R U S S W
```

Puzzle #20 - Solution

```
A Y W Y D B L M U H Y U X W A W
G P M I C R O R A P T O R W I S
G M O N K O N O S A U R U S H P
C M A Z Y M P D G P I Q C N C O
M S O X M S I Y U U G H Q S S T
Y Y Y J H O S R C Y F N S T I A
R H M R O S N U A T E T M L R R
T P E O B C U O R G A Y L D I E
L X B C O S E K C U A F H D M C
V F V K H R C R Y L A I S C E O
O H N G I J A D A N O S A P X R
B M K D N T Q P M T O N S A Q C
J E D W V W X L E I O N I U R I
O O O A I A M Q D L N P O U M M
E D W Y B C P G R Z T M S M S A
R W K L K E S O R G J A I O R L
```

Puzzle #21 - Solution

```
J N A N O T Y R A N N U S C B A
N N Q W E B A S A U R U S U N U
K E O S M A Z P E Y F Z N G E E
R R M A E J U S U V D N I N U N
A O D E S L L Y C D O F G E Q M
A H T M G A E M M T G A E D U I
P S U A V T U E H D B I R C E I
E K G L N B O R Y B A G S O N G
T N N O Q E O M U M E N A L S T
M D F L H N V A A S F I U B A P
H U E F Y Q X O V I Y M R E U I
C J I C J Z Y U E P A O U R R L
L N H B O M B L O N V N S T U Y
E U S U R U A S O D O N O I S U
S G D B P D R E Y I Z Y T A N N
M Y N N E M E G T O S A U R U S
```

Puzzle #22 - Solution

```
S E T S E L O H T I N R O E M B
I S U R U A S O N A R U O U J M
O M H F R R O T P A R I V O W N
Z Z T R H O Z C B K O U A H I E
M B R D C C P X N B I I C J D S
S S G A J K M M L N L A I E S U
P B F Q P M O T U E Q A K O N R
O W J G F T R G I T T Y F Y M U
T I X L C E O N V J N G W A D A
A T B Y E T H R A I A L A X O S
R W O T W T U Q P J Q A A A Q O I
E N X R O U U P G R I B Q D Q E
C W H M T S U E M O R D O R O M
O D I S U M I M O H T I N R O O
J B P A L U X Y S A U R U S N D
O Y Z B O L O R O T I T A N B Q
```

Puzzle #23 - Solution

```
J W S S U R U A S O L P O N A P
K V P K R I P H J O I E I D S R
S Q E X P D E T H Q W E Z U L P
U N N P A C D O R J V K R V A P
M O T M R Q O Y C B T U H N A P
I D A Z A P P M C H A Z P W E I
M O C G L D E Y G S N H P P F N
I H E C I G N X O O A A A N B A
N T R H T Z N G K G W N D C B C
A N A R I M A S I S T A F D M O
C A T T T T L A A Y J L D J D S
E R O S A U R U D C E C Y H H A
L A P P N H R R S J G M H J D U
E P S U R U A S O N A S I P L R
P N K S S C R K E R M N N Y L U
T P E L O R O S A U R U S Q F S
```

Puzzle #24 - Solution

```
S G S U H P O L O R U A S O R P
U I K T M F M U T F L E P F P S
R C L F V D N G U S L L S R P P
U U Q H U X X N C A A U P O S O
A K M Y J C G H H T H U D X U T
S K V Q C U G P E T E O P F L A
O E U B S J E O N R K G R M E R
L M A Q S C S A T E Q R B Z O E
P B M V O A C A S O A M I N C C
O J S N U A S A V J H D A I O O
N S E R L A U L H D V E Z L R T
A R U O U R H A Z Q Z O R T U O
P S P R U N K B W V U X H X E R
O E U S J A X Y K P M I L C L P
R S S P O T A R E C O N E R P Q
P O E K I L O P L E U R O N R I
```

Puzzle #25 - Solution

```
I  A  P  Y  R  O  R  A  P  T  O  R  Q  L  S  U
T  P  B  Z  R  E  T  R  D  K  E  U  F  U  V  R
G  R  S  O  F  A  U  K  N  A  R  K  R  L  Q  E
N  H  H  Y  R  G  P  R  W  N  F  U  R  L  C  G
S  Q  E  A  O  I  R  E  U  Q  A  J  S  C  B  N
U  I  P  P  B  C  N  X  T  S  B  I  W  M  G  O
R  A  S  D  Z  D  M  C  A  O  V  H  H  M  D  S
U  O  R  R  K  Z  O  J  H  A  S  R  B  W  R  A
A  W  Q  A  X  T  A  D  N  E  I  A  L  T  R  U
S  A  D  P  J  R  Y  O  O  G  N  S  U  Y  Z  R
S  N  F  T  N  A  H  X  X  N  J  I  F  R  M  U
A  L  N  O  C  A  Q  H  R  J  Q  B  A  K  U  S
T  O  I  R  R  I  O  J  A  S  A  U  R  U  S  S
N  N  P  E  Y  R  O  X  S  Z  O  C  D  I  F  U
A  G  J  X  S  P  Q  V  S  X  A  E  M  Z  R  T
Q  R  H  O  E  T  O  S  A  U  R  U  S  I  X  E
```

Puzzle #26 - Solution

```
R  O  T  P  A  R  A  N  A  T  N  A  S  O  N  C
U  O  R  S  A  R  C  O  S  A  U  R  U  S  S  J
R  P  B  F  A  Z  H  H  I  Y  I  K  A  A  Q  S
Z  R  C  V  M  O  U  L  A  Q  R  U  L  X  K  A
Z  J  Q  X  S  R  A  B  D  I  R  T  C  O  S  U
E  J  W  B  N  N  O  E  M  O  O  Q  R  B  H  R
P  T  X  Z  R  M  Q  F  P  P  T  O  C  B  T  O
P  A  T  U  H  S  Z  E  U  G  N  T  Q  O  S  L
N  N  T  I  X  Z  L  S  H  B  V  X  N  J  I  O
Y  A  U  S  E  T  S  E  L  O  C  R  A  S  X  P
S  S  A  R  A  H  S  A  U  R  U  S  G  S  C  H
D  S  A  U  R  O  P  O  S  E  I  D  O  N  M  U
D  D  O  S  A  I  C  H  A  N  I  A  Q  H  V  S
J  J  C  Y  S  U  R  U  A  S  A  T  L  A  S  K
L  Y  S  U  R  U  A  S  N  A  U  J  N  A  S  N
X  A  N  A  G  A  H  P  O  R  U  A  S  R  S  K
```

Puzzle #27 - Solution

```
T  Y  F  G  S  E  I  S  M  O  S  A  U  R  U  S
B  H  Y  C  T  S  E  G  I  S  A  U  R  U  S  X
S  C  Z  Z  U  H  H  V  B  K  Y  I  G  K  C  O
S  E  G  N  O  S  A  U  R  U  S  Y  O  Y  E  O
R  E  C  W  X  P  Q  C  N  U  P  S  F  K  L  W
J  C  T  E  O  Y  F  U  R  O  U  O  K  W  I  D
Z  K  V  J  R  E  N  U  H  R  S  L  H  Q  D  C
V  G  W  U  K  N  A  O  U  G  V  A  A  O  O  F
I  J  C  J  N  S  O  A  I  U  U  V  U  H  S  C
T  Y  V  H  O  S  S  S  D  P  S  T  E  R  A  S
Z  G  T  V  M  O  Q  C  A  S  I  L  A  U  U  W
W  Z  U  Q  L  C  L  H  A  U  J  C  I  L  R  S
J  H  J  L  Y  Y  F  A  T  F  R  O  S  V  U  D
S  X  E  X  S  I  L  V  I  S  A  U  R  U  S  K
H  S  R  R  E  W  F  W  E  H  Y  O  S  W  M  B
R  Y  L  T  P  W  Q  P  S  M  X  R  L  C  S  H
```

Puzzle #28 - Solution

```
S  T  A  U  R  I  K  O  S  A  U  R  U  S  P  W
S  S  U  L  O  H  T  O  R  E  A  H  P  S  U  W
P  T  S  S  T  F  U  Y  V  D  G  Q  F  Y  K  E
I  V  K  E  X  S  Q  N  V  X  B  I  Q  X  H  I
N  G  O  D  S  B  U  K  P  F  T  S  U  S  R  E
O  U  R  I  I  I  P  R  C  I  C  Z  I  S  V  J
S  T  P  O  N  A  N  M  U  G  V  N  C  X  P  K
T  R  I  H  U  S  X  O  I  A  R  Z  E  C  K  B
R  K  O  T  S  F  T  B  V  A  S  M  Z  P  H  A
O  L  V  I  O  Z  Z  N  P  E  O  O  B  W  S  Z
P  Q  E  N  N  Q  F  T  E  Z  N  C  N  C  D  K
H  R  N  R  A  M  O  O  V  J  P  A  P  I  I  B
E  Y  A  O  S  R  B  Q  N  W  L  B  T  L  P  T
U  U  T  N  U  R  O  Z  R  O  W  C  L  O  S  S
S  L  O  I  S  O  B  R  H  V  C  I  S  K  R  F
S  J  R  S  O  N  O  R  A  S  A  U  R  U  S  T
```

Puzzle #29 - Solution

```
N H S U M I M O I H T U R T S P
D E O S U R U A S O G E T S U W
H O U M J O S U C H O M I M U S
S R B A U S T Y G I M O L O C H
T U Y D K D Z Y J C D K Z K Q U
O S Z S K N A T P B O T A L O S
K X T H U O E A I W V S A S R S
E I W E O R F L Z G U O A Z H U
S L D O G U U P A U C J J Z N R
O E W R O O S A W T F K A R E U
S P C I M K C A S Q P H A F C R
A O X S N K S E U R S A X P G A
U N N G A S G C R R E J X H R L
R E X I E B V K Z A U P W D Y A
U T I A F A K R K Z S S U Z H T
S S Z K J Y S G I C F X Y S D J
```

Puzzle #30 - Solution

```
T A R A S C O S A U R U S U P T
A I T T M T A R C H I A X R T A
I T S E A R B D M J A W A T E S
L S N O L N C P V B S R E O N T
A O U E R M Y H O D N R E V O A
T K M R W D A C O L A S I F N V
Y L X E U C A T O T Q H G I T I
H G K H H A R H O L K H M V O N
P S W W F Y S P S S A N G B S S
O S K R R H H O U Y A G A J A A
I V O D D O I I B J H U R R U U
E V M K N O N P M R K T R E R R
H Q H E Y A R L F Y A H E U U U
T H U T T J I P U X D T V T S S
O S T E X A C E P H A L E A Y R
T E C H N O S A U R U S N U Q C
```

Puzzle #31 - Solution

```
T S I N T A O S A U R U S P S B
H K W N T O R V O S A U R U S O
E E L A H P E C O L Y T D S J I
S J G N O L U Y N A I T A T R K
C S B Z X Q P L Z T L B I O B B
E U Z H X J O C R N Z T T S Z P
L R Y K C H X C Y U A P J P K M
O U A P Q U J O Z N A G B O P J
S A H A O E D N O R G K A T I J
A S S O I V O S U R O G Y A Y M
U O I F Z D A Y N A D O W R S C
R R H C O U N B S T E G Z E J T
U O T O R A P K B W U L O C R K
S T R U I M S R F E R E J I U S
E T S T I M I M U S T Z B R N S
H S U R U A S O N N A R Y T R T
```

Puzzle #32 - Solution

```
H T E U P W F S Q L D Z D C O J
S R T B W E L L N H O F E R I A
P O A E V B S Q T G Y N V I V N
O T U R J H O K O Y Q B T A O A
T P T A B P E H B U D N L D A T
A A A B E U F P H I C D O X U I
R R H A V E L A F R O N S R U T
E I R T F I M M O S A M B E N O
C C A I A G I T A C W A I U E N
H O P T D G P U L W C W N T N N
A L T A C A R U T O M S I R L A
T E O N R U V T D M N F A L A R
U V R I S X B O W H Y O F G G Y
T C R T X X N A U T Q Q J O I T
Q A U N A Y S A U R U S G P A T
V N A T I T O N O T N I W E B L
```

Puzzle #33 – Solution

Puzzle #34 – Solution